돌봄에서 돌아봄으로

돌봄에서 돌아봄으로

진보라 지음

그 따뜻한 여정에 당신을 초대합니다

누군가를 돌보던 시간,
그 안에서 나를 돌아보게 된 이야기

PROLOGUE

 난 아주 평범한 사람이다.

 나는 어릴 적부터 마음이 먼저 움직이는 아이였다. 내가 2~3살쯤 사촌 언니의 소변 실수를 대신해서 치우기도 했고, 2살 터울의 갓 태어난 동생에게 우유를 타주겠다며 엄청 사랑을 베풀었다고 들었다. 아빠 때문에 속상한 엄마가 울면 옆에서 손톱으로 마늘을 까주며 위로하던 아이였다고 한다.

 그러던 아이가 크면서 열정 가득하게 성장했다. 초등학교 때는 무대에 서는 것이 좋아서 교회에서 성가대와 찬양팀을 다 했다. 그러다가 초등학교 때

뮤지컬 배우라는 꿈이 생겼고 하루도 빠짐없이 꿈꿨다. 고등학교 친구들은 어릴 때부터 뭐든 열심히 하는 아이였다고 나에 대해 말한다. 꿈이 변한 적이 없고 거기에 푹 빠져 그것에 대해 이야기하면 너무 신이 나 있었다고 말이다. 그리고 뭐든 한번 하면 끝까지 끝장을 보는 아이였다고.

그래서인지 고(故) 정주영 회장님의 "해보기나 했어?"라는 유명한 일화처럼 특전사는 아니지만 안 돼도 끝까지 되게 해보고, '내가 과연 최선을 다 했나?'라며 어떤 상황에도 최선을 다하려 하고, 생각도 빠르며 결정도 빠르다. 당연히 성격도 급하다.

얼마 전 생일에, 태어나게 해주신 것에 대한 감사의 기도를 드리는데 갑자기 이 책의 제목이 떠올랐다. 그리고 대략 12시간 만에 이 책을 쓰게 되었다. 작가가 되고 싶었던 적이 없던 내가 책이라니! 그런데 무조건 불도저처럼 일을 하는 스타일이기 때문인지, "책은 너무 급하게 쓰는 게 아니야."라고 만류하는 남편의 말을 뒤로한 채 이 이야기에 빠져들었다.

누구를 위해 쓴 것은 아니다. 그냥 '나처럼 사는

사람도 있습니다'라는 마음으로 이 이야기를 쓰기 시작했다. 내 나이가 많은 건 아니지만 그래도 사회복지사로서의 경험치는 만렙[1]이라는 나의 자신감 속에, 뭐든 시도하고 도전해 보는 나의 마음과 돌봄에 임하는 나의 자세, 그리고 돌봄 받는 대상자들에게 존중받는 인생으로서 삶의 가치란 과연 무엇인가에 대한 이야기들을 나누고 싶었다. 그리고 어쩌면 한참 힘든 시기에 이런 일을 하고 있는 나에게 스스로의 격려와 힘을 주고 싶어서 이 이야기를 시작하게 된 것 같다.

이 글은 모두 나의 경험담이다. 내가 만났던 사람들, 내가 섬겼던 사람들, 나와 인연이 닿았던 사람들, 나와 함께 같은 곳을 바라보며 일하는 사람들.

그 누군가의 이야기를 한다는 것이 쉽지만은 않지만 우리네 삶이 다 비슷하다고들 하니 그 비슷한 일들을 조심스레 이야기해 보려 한다.

---

[1] 게임용어로, 게임에서 플레이어 캐릭터가 가질 수 있는 최고의 레벨까지 올라간 상태.

목차

PROLOGUE

1. 무대에서 현장으로 - 나의 시작

- 배우의 꿈   14
- 나의 어린 시절   16
- 사회복지사로 다시 선 꿈의 무대   20

2. 재가복지센터의 일상 - 재가서비스 일기

- 나만 힘든가 싶을 때   26
- 나의 일   28
- 요양보호사의 파견, 그 치열함   34
- 수급자 매칭, 정답은 없다   36
- 재가서비스 일기 ①   39

3. 좋은 돌봄이란 무엇인가

- 좋은 요양보호사의 기준 48
- 회복의 기적 50

4. 돌봄의 전문가, 요양보호사

- 요양보호사의 전문성 60
- 관찰자이자 조력자인 요양보호사 67
- 보이지 않는 노동의 무게 70

5. 함께하는 힘 - 돌봄의 팀워크

- 현장을 안다는 것 　　　　　　　　　　　82
- 재가서비스 일기 ② 　　　　　　　　　　84

6. 이별의 순간, 삶의 질문

- 살아 있는 나, 죽음을 바라보다 　　　　　101

7. 단단해진 꿈
- 일취월장한 배우가 된 사회복지사

· 재가서비스 일기 ③　　　　　　　　　　　108

8. 마지막까지 "사람"답게, 돌봄으로의 초대

· 돌봄으로의 초대　　　　　　　　　　　123

1

무대에서 현장으로

— 나의 시작

배우의 꿈

나는 배우가 되고 싶었다. 가난했던 나는 잘 먹지 못해서인지 키도 작고, 그렇다고 눈에 띄게 예쁘게 생긴 얼굴도 아니다. 그래서 카메라 앞에 서는 배우가 아닌, '무대 위에서 연기하는 배우가 되면 좀 낫지 않을까?' 하고 스스로 생각했다. 하지만 피지컬이 좋은 편이 못 되어 큰 무대는 적합하지도 않았다. 나는 '유명해지고 싶다'라는 생각을 한 번도 한 적이 없다. 그저 작은 무대에서 다양한 역할을 하며 관객에게 아주 가까이에서 '사람'을 보여주고 싶었다.

배우는 '연기'를 통해 '사람'을 보여준다. 그리고 관객으로 하여금 공감대를 이끌어 낸다. 우리는 드라마나 영화에서 멋진 역을 소화하는 주인공이 내 연인이길 바라며 꿈을 꾸기도 하고, 악역을 보고 미워한 사람들은 실제로 악역을 한 그 배우를 만나면 욕을 하기도 한다. "평소에도 저 배우는 저럴 것 같아."라는 말을 듣는 배우는 아주 연기를 잘하는 명품배우가 아니겠는가!

나의 어린 시절

 나의 어린 시절을 잠시 이야기하자면, 아빠와 엄마는 자주 싸우셨고 결국 아빠가 집을 나가셨다. 당시 아빠는 공기업에 다니셨는데, 직업이 나쁘지 않았음에도 아빠의 부재로 남겨진 우리 가족은 가난하게 살았다. 아빠와 엄마는 나와 내 동생에 대한 양육권 문제로 나는 초등학교만 6번 전학을 다녔다.

 아빠와 엄마는 이혼을 하지 않아 남겨진 우리 가족은 그 당시 영세민이 되지 못했다. 우린 항상 돈이 없어 불안했다. 아빠는 생활비를 보내주시기는 했지만 정기적이지 못했기 때문에 가난한 형편이 지속되었다. 학교에서는 가난한 집 아이로 낙인이 되어 학교로부터 운동화도 잠바도 받았다. 엄마가 시장으로 동생의 운동화를 사러 가면 언제나 "때 지난 운동화 주세요."라고 말했다. 그때 동생은 "때 지난"이라는 메이커가 있는 줄 알았다고 한다.

아빠는 다른 여자와 함께 살며 아이 2명을 더 낳았다. 엄마는 남편에게 버림받았다는 괴로움에 자살 시도를 했지만 다행히 살아나셨고 아빠의 외도가 계기가 되어 지금은 목사가 되셔서 제2의 인생을 살고 계신다.

어릴 적 내가 살던 집은 가게에 붙어 있는 뒷방이거나, 방문을 열면 담벼락이어서 소음과 안전에 취약했었다. 화장실은 늘 밖에 있었는데 주인집을 돌아가야 했고 밤에는 손전등을 들고 푸세식 화장실에서 변을 보면서 동행해 준 동생이 기다리는지 아닌지 조마조마해하며 확인했던 기억이 생생하다.

초등학교 4학년 때의 일이다. 우리 집은 이사를 갔는데, 엄마가 이사 간 집을 가르쳐 주지 않은 채,

등교하는 내게 "학교 끝나면 이사한 집으로 와!"라고만 하셨다. 어린 나는 막상 하교할 시간이 되니 이사한 집이 어디인지 모른다는 것을 깨달았다. 그냥 후문으로 나가야 하는 것 말고는 내가 아는 정보가 없는 것이다. 난 무작정 후문으로 나가, 짧은 건널목을 건너고 한 집 한 집 초인종을 눌러 "여기 오늘 이사 온 집 있나요?"라고 물었다. 어둑해지자 지치고 배가 고파서 놀이터에서 쉬고 있는데 우연히 동생을 만나 무사히 이사한 집으로 갈 수 있었다.

나중에 엄마에게 물어보니 엄마는 내게 이사할 집의 정보를 알려주지 않았다는 사실을 전혀 인지하지 못하고 계셨다. 지금도 그때를 생각하면 아찔하다. 그날 동생을 만나지 않았으면 난 어떻게 되었을까? 엄마의 의도와 별개로 그때 처음으로 '유기당했다는 기분이 이런 것인가?'라는 생각이 들었던 것 같다.

나는 아빠를 3년 정도에 한 번씩 만났던 것 같다. 낯설었고 무서웠던 아빠는 만날 때마다 큰 선물을 해주셨다. 빵을 아주 많이 사 주시거나 흔하지 않았던 롤러스케이트를 사 주시거나 당시엔 큰 용돈을 주셨다. 그래서인지 내가 어렸던 그 당시에는 아빠가 밉지 않았다. 주변 어른들은 내게 "장녀인 네가, 아빠가 집에 돌아오시게 말을 했어야지!"라며 다그쳤지만 어린 나는 어른들의 그 말의 의미를 몰랐고, 가난했던 나의 어린 시절에 불쑥 찾아와 선물을 안기는 사탕 같은 아빠에게 늘 마음을 빼앗겼던 것 같다.

 시간이 흘러 어른이 되고 아이를 낳고 사회복지 분야에 일을 하다 보니 당시 어른들의 입장을 이해하게 되었다. 아무튼 아빠는 동생과 나의 성장 과정 적재적소에 아빠로서의 역할을 해주신 덕분에 우리는 대학까지 다닐 수 있었다.

사회복지사로
다시 선 꿈의 무대

　앞서 이야기했듯, 난 어렵게 살았는데도 배우가 되고 싶었다. 오히려 힘들었던 내 삶을 통해 다른 사람의 감정을 잘 이해하고 공감하며 표현해 낼 수 있으리라 믿었다. 26살이 되던 해, 난 무작정 배우로서의 입지를 다지기 위해 러시아로 떠났고, 보호자인 아빠는 한 달에 내 생활비를 40만 원씩 보내주셨다. 아빠의 도움에도 불구하고 아시아인이라는 이유로 러시아에서 1년 만에 되돌아왔고 다시 러시아로 돌아가지 못했다. 지금도 아빠는 술안주

삼아 나의 실패한 러시아 생활 이야기를 하신다. 당시 아빠의 형편상 나를 도울 돈이 없어 힘들었는데 이유가 어찌 되었든 딸이 러시아에서 돌아와 다행이라고 말이다. 난 그 말을 들을 때마다 내 꿈이 꺾인 것 같아서 아직도 마음이 아프다.

결과적으로 난 배우가 되지 못했다. 꿈을 포기하지 못해 뮤지컬 학과를 졸업했지만, 가난한 나는 배우로 돈을 벌기 쉽지 않았다. 내 동기들은 무명배우 생활부터 시작할 수 있도록 집에서 도와주었지만 나는 그럴 처지가 되지 못했기 때문이다. 엎친 데 덮친 격으로 취업해서 돈을 벌 수 있는 직업을 구하기 어려웠다. 이력서에 쓸 수 있는 것이 없었다. 내가 배웠고 할 줄 아는 것은 오직 노래하고 춤추고 연기하는 것밖에는 없었으니 말이다. 돈을 벌려면 어떻게 해야 하는지 몰랐다. 그래서 몸 쓰는 것은 할 수 있으니 그걸로 일을 찾아보려고 했다.

내가 생각해 낸 방법은 몸을 쓰는 운동이었다. 헬스장에 들어가 스트레칭 강사로 일을 시작했고 태권도장에서 태권체조를 만들어 가르쳤다. 짬짬이 헬스도 배워 트레이너도 됐다. 여자 트레이너라 무시당할까 봐 누구보다 열심히 했다. 당시 나의 몸무게는 42kg이었는데 내가 든 [1]벤치 프레스는 바벨 벤치 프레스에서 바 포함 60kg까지 들었더니 더 이상 무시하는 사람이 없기는 했다. 하루에 3개씩 몸 쓰는 일을 했다. 그러다가 혹시 태권도장을 대여해서 오전에 아주머니들을 모시고 운동을 할 수 있는지 사업계획서를 만들어 돌아다니며 사업 아이템을 소개도 해 보았지만 자격이 부족하다는 이유로 거절당했다. 이런저런 시도를 하며 돈을 벌려고 애쓰던 끝에 친구를 통해 시작한 게 바로 사회복지였다.

비록 배우로서 사람들에게 감동을 주지는 못했지만, 지금 나는 사회복지사로서의 무대에서 나를 필요로 하는 사람들에게, 심금을 울리고 공감과 위로를 주면서 함께 삶을 살아가며 한 편의 영화나 연극을 만들어 가고 있는 것 같다.

---

1 웨이트트레이닝에서 어깨 근육을 발달시키는 운동의 하나로 벤치에 누워서 긴 봉에 무게 추를 달고 하늘 방향으로 밀어올리는 운동기구.

이제 나는 그 공감과 위로의 이야기를 풀어보려 한다.

② 재가복지센터의 일상

- 재가서비스 일기

나만 힘든가 싶을 때

"'나만 이렇게 힘드나?'라는 생각이 들 때가 많지만, 사실 아니야. 종류만 다를 뿐이지 사실은 다 같아. 우리들 삶은…"이라고 우리는 서로를 위로한다. 어느 집이든 자세히 들여다보면 질·양·무게가 다르지만 당하는 사람은 한목소리로 본인이 제일 힘들게 살아가고 있다고 말한다. 하지만 내가 보기엔 어떤 인생을 살았고 매 순간 어떻게 살기로 결정하느냐에 따라 우리의 삶은 결과가 다르고 힘듦의 무게가 다르다고 생각한다. 마치 내가 남편과 함께 재가복지를 시작한 것처럼 말이다.

"저분은 어떤 인생을 살았길래 말년이 저렇지?" 가족과 연을 끊고 지낸 사람을 보는 일반적인 사람들이 하는 말들 중 하나이다. 나는 그 사람들에게 말한다. "그래도 저분은 복이 많아요. 말년에 저를 만났으니까요!"

나의 일

　나는 남편이 운영하고 있는, 요양보호사를 파견하는 [2]재가복지센터의 사회복지사로 근무한다. 사회복지사 자격증을 따고 근무한 지 벌써 16년이 되었고, 어린이부터 장애인, 지금의 노인에 이르기까지 돌봄의 영역에서 근무를 하고 있다.
　나는 나의 대상자들을 위해, 집도 구해봐 드리고

2　건강보험공단을 통해 장기요양 1~5등급을 받은 자에게 집에서 서비스를 받도록 요양보호사를 연계하고 관리하는 센터.

이삿짐도 날라드리고 병원비 지원 연계를 해드리고 연락이 끊긴 자녀를 찾아봐 드리고 쓸만한 중고 물품을 여기서 받아 저기로 전달해 드리고 암 수술을 받는데 자녀가 오지 않아 대신 동의서를 작성하거나 거동이 불편한 어르신의 목욕을 돕고 환자를 싣고 병원에 다니기도 한다. 아니면 119에 함께 올라타서는 환자 상태를 설명하고 사망하신 분에게는 마지막 집에서 짐 정리를 해드리는 등 내 일터의 일도 하지만 우리보다 더 상위기관에서 할 법한 일들이거나, 또는 보호자가 해야 하는 몫까지 모두 닥치는 대로 일들을 하고 있다. 심지어 내 차 트렁크에는 급할 때 쓸 수 있는 기저귀와 위생장갑, 물티슈, 메디폼 등이 들어 있다. 이런 사소한 준비가 환자인 우리 [3]수급자들에게 조금이나마 도움이 되지 않을까 싶어서이다.

---

3   건강보험공단에서 노인장기요양등급을 받은 자를 통틀어 일컫는 말.

　얼마 전 수급자가 멀리 이사를 해서 다니던 가까운 병원으로 옮기기 위해 기존 병원의 진료기록지 등 관련된 자료를 받으려 방문했고, 담당 간호사와 잠시 이야기를 나눌 기회가 있었다. 간호사는 나와의 대화 중에도 다른 간호사나 보호자, 혹은 환자와의 수많은 질문에 두 귀를 열고 일일이 응대하는 것이었다. 간호사의 현란한 멀티플레이를 보며 이 상황이 가능하냐고 물었고 간호사는 자신의 과거사를 말해주었다. 간호사는 예전에 종합사회복지관에서 사회복지사로 근무한 경험이 있었단다. 간호사라는 직업은 근무 시간에는 정신없고 바빠도 퇴근하면 본인의 생활이 가능하지만, 이전에 사회복지사로 근무하는 동안에는 개인 시간이 없어 퇴근한 후에도 전화를 받는 등 근무의 연속이었다고 말했다. 내게도, 결국 너도 이렇게 어르신의 심부름을 하러 오지 않았냐며 우스갯소리로 이직을 권하기도 했다. 물론 어르신을 상대하다 보니 어르신들이 일일이 하지 못하는 행정적 도움을 드리기 위한 발빠른 나의 행동이 필요하지만 간호사의 현실적 조언이 사실 내 개인 삶이 없는 현재와 연결되어 가슴에 와닿아 뼈아프긴 하다.

요즈음 가족요양[4]이 많아 40대의 요양보호사도 제법 많이 있는 추세이긴 하나 보통 요양보호사들은 나이가 많은 편이다. 요즘은 유치원 아이들도 자기 고집이 있고 자기만의 주장이 있는데 60대 이상의 요양보호사들은 오죽하겠는가. 단언컨대, 모든 요양보호사들은 자기가 제일 일을 잘한다고 굳게 믿고 말한다. 원래 그 수급자 댁의 일이 힘이 드

---

4   직계가족, 직계가족의 배우자가 수급자에게 서비스를 제공하는 것.

는 건 알고 있는데, 요양보호사들은 한사코 일이 힘든 건 아니라고도 말한다. 하지만 정작 그들의 퇴사 사유는 '힘들어서'이다. 일을 쉽게 생각하기 때문에 실제로 요양보호사가 현장에서 어떤 일을 해야 하는지 잘 모르고 접근하는 경우가 많다.

제일 친한 요양보호사가 내게 한 말이 있다. "나이를 먹어가니 헛말이 나오네요. 하지 말아야 할 말들을 하고 있더라고요." 요양보호사의 사소한 말실수, 과한 서비스 제공, 나니까 해주는 거라며 선심 쓰듯 하는 행동들을 통제하고 교육하고 하소연을 들어주는 일도 내 업무 중 하나이다.

주변 사람들은 [5]재가방문 요양 일 하는 사람들 중에서 내가 제일 힘들게 일하고 있는 것 같다고 말한다. 나 스스로도 내게 묻는다. 왜 이렇게 고단하게 사냐고. 그런데 이상하게도 보람은 있다. 재미도 있다. 예기치 못한 돌발 상황에 두통약을 먹을지언정 내가 어르신들에게 무언가를 도와드렸을 때 살아

---

5 건강보험공단의 등급을 받은 수급자에게 직접 방문해 집에서 서비스를 제공하는 것.

갈 방법을 찾거나, 살아나신 그들의 모습에 감사하고 그들의 마지막을 내가 모셨을 때 스스로 대견하다는 생각이 드는 걸 보니 '아, 사회복지사가 내 천직이구나!'라는 생각이 든다. 물론 배우가 되었어도 잘했겠지만 말이다.

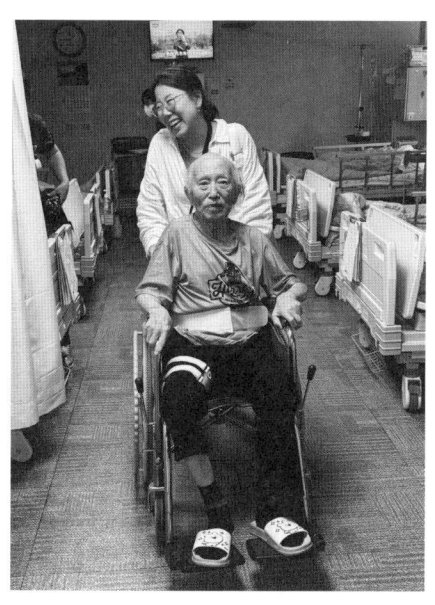

요양보호사의 파견, 그 치열함

　재가방문 요양보호사를 파견하는 일은 어렵다. 가끔, 내가 '마담 뚜' 같다는 생각이 든 적이 한두 번이 아니다. 내가 보기엔 너무 괜찮은 요양보호사인데 보호자가 뭐라고 딱 집어 이야기하긴 어렵지만 싫다고 하는 경우나 수급자가 요양보호사의 외모를 보고 거절한다거나 가까운 데 살면 가까운 데 살아서, 멀리 살면 멀리 살아서 서로가 싫다고 하기도 한다. 보호자나 수급자와 상담할 때는 전혀 그렇지 않았는데 막상 현장에 투입되어 뚜껑을 열어보니 처음의 욕구가 완전히 달라 요양보호사가 내게 전달받은 내용보다 과다한 업무를 하게 되면 '아 이 댁은 그런가 보다'가 되지 않고, 수급자와 요양보호사를 매칭한 나를 마치 사람 간도 못 보는, 능력 없는 사람인 것처럼 대할 때도 있다. 왜냐하면 요양보호사들은 나보다 나이가 많은 분들이라 언제나 어린 딸 같다고 얘기하지만 사실은 만만하게 보고 있어서인 것 같다.

 요양보호사 본인이 일을 하겠다고 해서 채용했는데 첫날 하루 3시간의 근무 시간을 다 못 채우고 중간에 말없이 어르신들의 눈을 피해 도망을 간 요양보호사도 있었다. 그 댁에서 너무 노인 냄새가 나서 싫었단다. 과일을 사 가지고 가서 죄송하다고 사죄의 말씀을 드렸지만 문전박대를 당한 적이 있다.
 어르신 댁에 바퀴벌레가 너무 많다며 하루가 멀다고 죽은 바퀴벌레 사진을 2~3장씩 보내며 본인이 처리했다며, 어떻게 이런 곳으로 자신을 보낼 수가 있냐고 원망하기에 근무환경 개선을 위해 방역센터에 의뢰하여 어르신 댁을 소독해 드린 일화도 있다.

수급자 매칭,
정답은 없다

    내가 하는 일은 사람을 돌보는 일이지만, 사실 경쟁업체가 너무 많다 보니 빨리 요양보호사와 계약해야 하는 경우가 있다. 왜냐하면 수급자가 우리 센터 외에도 다른 센터에도 의뢰를 동시에 하는 경우가 있기 때문에 빨리 요양보호사를 매칭[6]해야 우리 수급자가 되는 것이기 때문이다. 그래서 경우에 따라서 유선상으로 면접을 보고 결정할 때가 있다. 그

---

6   요양보호사와 수급자를 연결하는 것.

런데 이 일을 하다 보면 목소리만 들어도 상대방의 모습이 그려지고, 몇 마디 대화로 혈액형이 맞춰질 때가 있다. 사실 말투와 사용하는 언어만 들어봐도 어떤 사람인지 답이 나오는 것은 비단 나뿐만은 아닐 것이다. 그만큼 사람을 많이 만나고 접하는 일이다. 다만 모든 부부가 너무 사랑해서 결혼하고 살아가지만 살다 보면 한 번 이상은 싸우듯이, 수급자에게 꼭 맞는 요양보호사를 매칭해 드리는 일은 사실 어려운 일이다. 그 어려운 걸 나는 매일 치열하게 하고 있지만 말이다.

요양보호사에게 근무지에 갈 때는 두 손에 아무것도 들고 가지 말라고 이를 때가 있다. 왜냐하면 반복적인 호의에 익숙해지는 수급자들은 요양보호사의 손만 보기 때문이다. 물론 독거노인이거나 매우 근검절약하시는 분들이라 아끼기 때문에 안쓰러워서 이것저것 챙겨 다니는 요양보호사분들도 계시지만 잘 보이기 위해 일부러 무엇인가를 사 가지 말라고 지시한다. 그런데 현장에서 일하는 요양보호사들이 내 말을 안 듣고 매칭된 수급자와 잘 관계해서 일을 잘하려는 의욕이 앞서다 보니 비싼 커피를 매일 사 간다거나, 수급자 생신이라고 스카프나 비싼 내의를 선물하는 등 본인이 받는 월급에 비해 더 많은 돈을 사용하게 되는 경우가 발생하고 스스로 지쳐가는 요양보호사를 볼 때가 있다.

어느 날 위의 사례처럼 일하던 어느 요양보호사로부터 참다못해 수급자에게 소리를 지르고 나와 버렸다는 전화가 걸려왔다. 그 집에 다시는 가고 싶지 않다며 말이다. 우려하던 상황이 발생한 것이다. 수급자에 대한 이해 없이 그저 잘 보이려고 한 모든 행동이 수급자 어르신께는 습관이 되어버린 케이스였다.

여전히 그 수급자는 이 요양보호사를 그리워한다. 그리고 아무것도 사 가지 않는 빈손의 요양보호사를 탐탁히 여기지 않으신다. 그리고 이런 세세한 사실들은 보호자가 알기 쉽지 않다.

재가서비스 일기 ①

얼마 전 2개월 동안 고관절 골절 수술 1회, 탈골 수술 2회를 하고 퇴원하여 집으로 모신 독거 어르신 댁에서 토요일 오전 7시 23분에 전화가 왔다. 요양보호사가 다급한 목소리로 어르신께서 방바닥에 누워 계신다고 한다. 고관절이 또다시 빠진 것인지 걱정을 하며, 얼마 전 본인도 허리를 다쳤기에 혼자의 힘으로는 도저히 방법을 찾을 수 없는데 어떻게 해야 하는지를 묻기 위한 연락이었다.

나는 쉬는 날임에도 바로 일어나 우리 집에서 50

여 분 거리의 어르신 댁으로 부랴부랴 갔다. 고관절 탈골을 이미 2차례 봐왔던 터라, 이번엔 탈골이 아니란 것을 알 수 있었다. 탈골이 되면 탈골된 다리를 스치기만 해도 환자는 통증을 호소했었다. 하지만 어르신은 움직임이 가능했었기에 바닥에서 어르신을 일으켜 침대로 옮겨드렸다. 그리고 침대에서 생활하실 수 있도록 방법을 알려드리면서 주변 환경을 바꾸기로 했다. 집에 있는 전동침대가 병원에서 사용한 것과 같은 것임에도 그동안 사용해 보지 않으셨기에 침대 바닥에 방치된 리모컨을 연결해서 사용하실 수 있도록 해드렸으며, 소변 통과 텔레비전 리모컨을 쉽게 사용하시도록 침대 난간에 테이프로 붙여드렸다. 물론 텔레비전도 어느 각도에서 보셔도 잘 보일 수 있도록 높이 조절을 해드렸으며 전동침대에 달려 있는 식탁에서 식사를 마친 후 식기를 옮겨둘 수 있도록 침대 옆에다 식탁을 붙여드렸다.

이왕 집에서 지내시기로 결정했다면, 불편한 몸이어도 일상생활이 가능하도록 도와드리는 것이 서비스를 제공하는 사람이 하는 일이라고 생각한다. 이런저런 행동을 하고 있는 와중에 어르신은 우리에게 "텔레비전 소리가 안 들려! 텔레비전 좀 틀어줘!", "언제 밥 먹어? 밥 지금 차려줘."라며 엉뚱한 말씀을 하셨는데 요양보호사는 그런 어르신의 행동을 이해하기 힘들어했다. 지금 아픈 곳을 어떻게 하면 덜 움직여서 아프지 않게 할 수 있는지, 전동침대라는 기계 사용법 안내라든지 요양병원의 장·단점 등을 설명하고 있는데 아침에 두유를 드셨음에도 불구하고 밥을 먹어야겠다는 말씀이나, 텔레비전을 보아야겠다는 말씀들은 일반적인 내용이 아니기 때문에 요양보호사는 "저렇게 자기만 안다. 남은 전혀 생각하지 않아."라며 어르신의 행동에 불만을 제기했지만 난 그냥 원하시는 대로 하시도록 설명 후 욕구를 해소해 드렸다.

요양보호사는 내게 말했다. "저 말도 안 되는 소리를 듣고도 웃음이 나오나? 참, 속도 좋다!" 나는 그저 요양보호사에게 설명했다. 원래 우리가 돌보는 노인은 아픈 사람이다. 어디가 아프든 그저 '아픈 사람'이다. 아픈 사람은 자기가 제일 우선이다. 그 욕구를 해소해 주거나, 제지하려면 재차 어르신께 설명해 드리는 경우가 발생하더라도 이해하기 쉬운 언어로 반복해서 설명과 설득을 해야 함을 요양보호사에게 늘 하는 말이다. 방금 이 어르신은 최근 2개월 동안 3회에 걸쳐 마취를 하신 분이라서 제정신일 확률이 낮으며, 고령이고 지병이 있으신 노인으로 본능적인 것 말고, "날 위해 누군가가 도와주고 있으니 기다려야지!"라는 이런 배려를 할 수 없음을 우리는 이해할 필요가 있다는 것을 알려드렸다.

어느 날 독거노인 어르신 댁에 방문했는데 요양보호사가 화장실에서 목욕탕 의자에 앉아 손빨래하는 모습이 보았다. 요양보호사들은 어르신의 등급에 따라 기본 3시간~4시간 일한다. 하루에 2가정에서 3가정 근무를 한다고 하면 1일 6시간~9시간 근무를 하는 것인데 하는 일이 주로 가사서비스이다 보니 집집마다 비슷한 일을 반복하는 것이 얼마나 힘이 들까! 어르신과 이런저런 대화를 나누는데 내가 보기엔 요양보호사가 아주 적극적으로 치열하게 일하는 것처럼 보이는데도 어르신은 고개를 가로저었다. 요양보호사에게 본인의 샘플 로션을 주었다며 마치 요양보호사가 가진 게 없어 내 집에서 일하고, 내가 나눠주어야만 살아가는 사람처럼 표현하셨다. 얼마 뒤 이 어르신은 자녀들에 의해 요양병원에 입원하셨다.

우리 센터 입장에서는 종결되는 상황이 되었으므로 나는 요양보호사와 함께 마지막 인사를 드리러 요양병원으로 병문안을 갔다. 우리 요양보호사는 어르신의 모습을 보며 "깔끔한 우리 엄마, 모습이 왜 이래?"라며 티슈로 치아를 닦아주는 것이었다. 닦인 티슈는 누런색으로 변해있었다. 요양보호사는 알았을까? 평소 어르신은 자신을 어떤 시각으로 봐왔었는지… 어르신 입장에서는 '요양보호사의 이런 행동들이 마지막 사랑의 손길이라는 것을 느끼셨을까?'라는 생각이 든다. 어르신의 집은 곧바로 정리되었고 어느 날 우리 요양보호사는 어르신의 모피코트가 재활용쓰레기장에 있는 것을 보았단다. 돌아올 곳이 없어진 그 어르신은 아마 그곳에서 그대로 돌아가셨을 것이다.

③ 좋은 돌봄이란 무엇인가

좋은 요양보호사의 기준

 좋은 요양보호사란 어떤 요양보호사일까? 요즘 젊은 사람처럼 전자기기에 능숙하지 못해도 환자를 관찰할 수 있는 요양보호사가 좋은 요양보호사라고 말하고 싶다.

 급여일에 휴대폰 앱, 혹은 문자로 급여를 확인하지 못하고 거래 은행에 전화해서 잔액을 확인하는 게 더 쉽다고 느끼는 요양보호사들이라 해도, 상대방의 눈빛만 봐도 뭘 원하는지 알아채는 요양보호사가 좋은 요양보호사이다. 언젠가 인권교육에서 배웠던 내용 중 기억에 남는 말이 있다. 숫자 6과 9를 보는 위치에 따라 6이 9로 보이기도, 9가 6으로 보이기도 한단다. 따라서 상대방의 입장이 무엇인지, 상대방이 무슨 생각을 하는지를 알 수 있는 요양보호사가 일을 잘하는 요양보호사라고 자신 있게 말할 수 있다. 물론 요양보호사가 알고 있다는 것이 끝이 아니라, 알게 되었으니 수급자의 마음을 헤아려 해결을 도와드릴 수 있어야 하기까지가 되어야 [좋은 요양보호사]라 할 수 있다는 말이다.

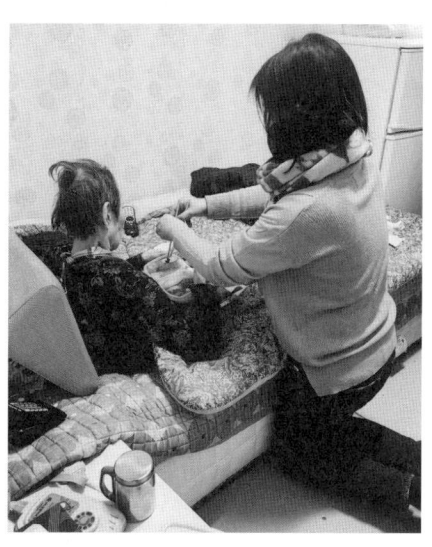

회복의 기적

 5년 정도를 돌봐드린 어르신을 소개해 보려 한다. 서울대를 나오셨고 독일 유학을 다녀오신 엘리트이시지만 치매가 한참 진행되신 후에 우리 센터를 통해 서비스를 받게 되신 분이다.

 처음 만났을 때 우리 어르신의 모습은 이랬다. 스스로 인사하고 본인이 하고 싶은 말을 하실 때 발음이 정확했고 상대에게 예의 바른 행동을 하셨다. 같은 아파트에 거주하시는 이웃 주민들은 이분이 치매인 줄 모르실 정도였다. 집안 내부는 쾌적하게 유지되지는 않았지만 대체로 물건들은 제자리에 있었다.

  하지만 하루, 이틀 그분을 대해보니 이상한 부분이 있음을 알게 되었다. 보통 집은 사진을 앨범이나 액자에 보관하는데 이 어르신 댁은 모든 공간, 책장 전체나 텔레비전 앞에 사진을 세워놓았다. 어르신은 내게 사진을 설명하는데 남편을 제외한 그 누구도 제대로 된 관계를 표현하지 못하고 "그" 혹은 "그녀"라는 표현을 사용하였다.

  한글을 읽으시는데 속도가 빨랐고 독일어 책도 유창하게 읽으셨지만, 내용을 이해하거나 글의 주제를 파악하지 못하셨다. 외국 생활을 해보셔서인지 주로 빵을 즐겨 드셨는데, 드실 때 빵을 그릇에 담고 물로 빵을 재운 뒤 전자레인지에 돌리는 등 엉뚱한 행동을 하셨다. 그 와중에 그런 음식을 어르신의 배우자는 불만 없이 드셨다. 그런 분이 우리 센터를 통해 서비스를 받기 전날까지 뇌경색인 배우자에게 가족요양을 하고 계셨다.

  마침내 서비스가 시작되었다. 처음에는 요양보호사에게 "감사합니다."라고 하시던 분이 시간이 지나면서 왜 우리 집에 오느냐며 요양보호사를 내쫓기 일수였다. 본인 몸에 손 닿는 걸 싫어하셔서 씻기를 온몸으로 거부하셨고 손발톱을 깎아드리는 것조차 힘들었다. 아들 모습은 보면 기억하셨고 딸은 전혀 기억을 못 하여 미국에 사는 딸이 부모님을 뵈러 한국에 오면 본가에 있지 못하고 다른 숙소를 정해야만 했다. 어르신에게 딸은 남편을 유혹하는 여자로 보였을 것이다.

뇌경색인 배우자도 우리 센터를 통해 서비스를 받는 수급자이신데 전동차를 타고 다니며 배우자와 함께 종종 외출하셨다. 문제는 부부간의 보행 속도가 다르다 보니 외출하면 속도의 차이로 배우자를 잃어버리는 일이 발생하곤 한다. 어느 날, 보행으로 남편을 따라가던 어르신은 속도를 놓쳐 길을 잃어버리는 바람에 댁으로 들어오지 못하는 경우가 생겼다. 긴급문자로 "어느 어느 동네에 사시는 어떤 의복 차림의 ○○ 할머니/할아버지를 보신 분은 연락 주세요."라는 문자에 그 어르신이 소개된 적이 있을 정도였으니 말이다.

어느 날부터 어르신은 대소변을 가리지 못하는

지경에 이르렀다. 이쯤 되니 요양보호사가 역할을 하지 못하다는 결론에 이르렀고 결국 요양보호사를 교체하기로 하였다. 보호자에게 이제는 어르신을 요양병원에 보내시는 게 어떨지를 상의하였고, 가족들끼리 상의하는 동안 우리는 요양병원에 모시기 전까지 어르신에게 마지막까지 최선을 다해 모실 마음의 준비를 하며 교체된 요양보호사가 마지막 서비스를 제공하는데 요양보호사는 어르신을 살려놓고야 말았다.

드시는 방법도 잊고 늘어져서 누워만 계셨으며 누워 계시는 모습이 마치 키가 큰 6개월 된 아가와 같았던 치매 어르신은 요양보호사가 교체되고서는 드리는 대로 드시기 시작했고 앉혀드리니 앉아 계시기 시작했다.

사실 이 정도의 환자는 병원 치료나 미용실 동행이 어렵다. 왜냐하면 모두가 이런 힘든 환자를 거부하기 때문이다. 치매 상태가 나아지지 않은 이 어르신은 여전히 샤워를 거부하셨지만 수급자의 위생 관리도 요양보호사의 업무 중 한 가지이다 보니, 수급자가 싫다고 해도 대·소변에 젖은 몸을 그냥 둘 수 있었겠는가! 수급자에 대한 열정으로 강력하게 온 힘으로 수급자를 화장실로 모셔 샤워를 시키고 몸의 상처 유무를 확인한다. 기저귀를 착용하시니 욕창이 있는지, 상처가 어떻게 진행되고 있는지를 살펴드린다.

이 댁의 사정을 모르는 다른 사람이 보기에는 학대하는 것 아닌가 싶겠지만, 사람이 사람으로서 생활하시도록 하는 것이 인격적으로 대하는 것이 아니겠는가! 요양보호사에게 특별한 미용 기술이 있는 것은 아니지만 헤어스타일을 정리해 드리면서 관리가 쉽도록 해드리고, 손발톱을 깎아드리고, 불소 없는 치약으로 일단 양치를 시켜보고 언어를 잊은 어르신과 말이 되든 안 되든, 옹알이 비슷한 이야기들을 나누더니 요양병원에 가지 않으신 채 어르신 집에서 지내신 시간이 벌써 2년이 되어간다.

호전의 의미는 무엇일까? 물론 혈압이 약으로 조절되고 기저귀를 하시던 분이 화장실을 이용하신다거나 운동을 통해 보행이 더 자연스러워졌다면 호전인 것이 맞다.

하지만 단순히 병이 낫는 것이 호전이 아니라 누워 계시던 분이 그나마 앉아 계시고, 웃지 않던 분이 웃으시고, 아무 말을 하지 않던 분이 알 수 없는 말들을 옹알이처럼 하시면서 웃으시든, 비웃으시든 어떤 상황에 감정 표현을 하시는 것들이 점진적으로 늘어나는 모습이 우리에게는 호전이 아닐까? 하는 생각을 해본다.

방금 소개한 우리 어르신은 치매이다. 치매는 호전되지 않는 병이며, 유지하는 것이 가장 좋은 병이다.

그렇다면 요양보호사가 바뀌어 치매가 호전되어 나아졌는가? 여전히 치매는 나아지지 않았다. 오물거리시기에 입속을 확인해 보면 '뉴케어' 뚜껑이 들어 있을 때도 있다. 도와주는 사람이 없다면 한번 정해진 모습 그대로 24시간 계심으로 근육이 경직되는 경우도 있다. 컵에 '뉴케어'가 있는데도 컵을 와인 잔 흔들듯이 흔들고 계신다. 음료가 쏟아지는 것에 대한 조심성이나 관심이 없다. 그뿐인가, 이 어르신은 컵이 바닥으로 떨어져 깨지고 음료가 바닥에 흥건하다 한들 무슨 생각을 하실 수 있겠는가.

그런데 왜 호전이라고 이야기하냐면, 요양보호사

의 노력과 사랑에 의해 이제는 외형적으로 '환자'가 아닌 '사람'처럼 보이기 때문이다.

모든 어르신은 요양병원에서 생을 마감하고 싶지 않으시다. 집에서 생을 마감하고 싶다는 의미는 죽음에 이르는 순간까지 사람으로 지내고 싶다는 의미가 아니겠는가?

4

돌봄의 전문가, 요양보호사

요양보호사의 전문성

요양보호사들도 제각각 자기의 전문 분야가 있다. 어떤 요양보호사는 사과 하나를 깎아도 다른 사람과 다르다는 표현을 들은 적이 있다. 한번 심부름을 시키면 알아서 저렴하면서 실속있게 장을 봐 오는 요양보호사도 있다. 병원 가야 하는 날짜를 잘 챙기고 병원에 가면 의사에게 이것저것 물어보며 지식을 늘리는 요양보호사도 있고, 연신 입맛이 없다고 말씀하시는 어르신에게는 마음을 잘 읽어드리며 맛있게 식사를 드시도록 한다. 지저분해 보일 수도 있지만 어르신이 손 닿는 곳에 꼭 필요한 것을 정리해 두며 어르신의 일상생활을 불편하지 않게 도와드리고 일을 많이 하는 것처럼 보이지는 않지만 센스가 있어 칭찬을 받는 요양보호사도 있다. 병원에서 간병을 주로 했던 간병사 출신 요양보호사는 반찬 맛은 없는데 사람 살리는 데는 일가견이 있는 요양보호사분도 계신다. 물론 요양보호사가 신은 아니지만 비유하자면 그렇다는 것이다.

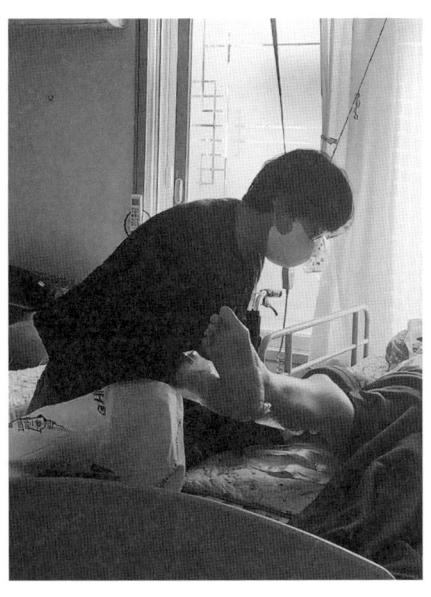

요양보호사를 첫 직업으로 생각하는 분들 중에 이렇게 생각하고 접근하는 분들이 있다. 적당한 기술이나 자격이 없어도 일하기에 어렵지 않은 직업이라고. 집에서 하던 대로 살림하고, 본인들 부모님을 모셔봤던 대로 하면 되지 않나? 하는 생각으로 "요양보호사"라는 직업을 선택한다. 그래서 가볍게 접근하시는 분은 보통 가벼운 수급자에게 매칭한다. 가벼운 수급자란, 환자로서 손이 가기보다는 그저 살림만을 원하는 수급자이다. 그건 요양보호사를 전문가로 생각하지 않고 적당히 시간 보내며 딱 그만큼만 돈을 벌기 위해 현장에 나온 요양보호사들이 스스로를 가사도우미로 자신들을 전락시켰다고 생각한다.

현장에서는 요양보호사의 인권을 이야기하면서 가사도우미도 아닌데 너무 심한 가사 일을 하는 것이 아닌가? 라며 애로사항을 호소하는 요양보호사가 많다. 미안하지만 본인이 그렇게 접근했기 때문에 그런 상황들이 만들어진 것이라고 말하고 싶다.

요양보호사는 치매 어르신처럼 자신의 통증을 표

현하지 못하는 경우에는 열 체크를 한다거나 약을 거부하시는 경우에는 음식에 약을 끼워 드시도록 한다거나 필요시 병원으로 모셔 링거를 맞게 한다거나 홍삼이라도 한 숟가락 입에 넣어드린다.

혹시나 어르신이 설사를 하셨다면 무엇을 드셨는지 확인한 후 음식을 바꿔보거나 휴지통을 뒤져 오늘 드실 약을 올바르게 드셨는지 확인해 본다.

성(性)이 다른 어르신의 경우는 세탁기에 속옷이 나와 있는지, 속옷에 대·소변이 묻어 있지는 않은지, 그래서 잘 갈아입고 계시는지 확인해 본다거나 급격히 안 좋아지신 어르신은 급할 때 잡을 수 있는 안전한 복지용구[7]와 같은 물품이 구비되어 있는지, 화장실에 물기가 있거나 화장실 신발을 신고 벗다가 미끄러져 넘어지는 환경이 아닌지를 살피고 또 밤새 안녕하신지와 바깥 날씨에 따라 수급자들의 미세한 신체적, 정신적 변화를 읽어낼 수 있는 힘을

---

[7] 노인들이 일상생활을 영위하기 위해 필요한 각종 도구(휠체어, 지팡이, 미끄럼방지매트, 손잡이 등)로 노인장기요양서비스를 받으면 금액적 할인 혜택이 있다.

길러내는 것이 요양보호사가 하는 일이다.

어느 요양보호사는 나이가 지긋하시다. 오라버니라고 부르며 수급자를 케어했었는데 독거 남자 어르신을 위한 기본적인 가사 일을 마치고 나면 어르신과 개인적인 이야기들을 많이 나누었다고 한다. 어르신이 돌아가시고 우리는 함께 어르신의 장례식장으로 향했다. 조문을 마치고 요양보호사는 고인의 장남에게, 평소 고인이 생각하고 있던 장남에 대해 이야기 나누었던 마음을 전달했다.

장남은 눈물을 흘렸다. 고인이 된 아버지의 마음을 알게 된 시간이었다. 그 순간, 요양보호사는 '직업인' 그 이상이었다.

얼마 전에 돌아가신 우리 어르신은 종합병원이셨다. 얼굴은 이쁘고 목소리에도 힘이 있고 감지 않은 흰머리마저 아름다웠다. 사시던 집이 허물리고 새로 아파트를 짓고 있어 일시적으로 다른 집에 거주하고 계셨는데 새로 짓는 아파트에서 1년만 살다가 돌아가고 싶다는 것이 꿈이었지만 결국 꿈은 이루

어지지 못했다.

요양보호사와의 [8]케미는 훌륭했다. 깐깐한 어르신의 성향을 요양보호사는 묵묵히 순종하며 맞춰드렸고 아플 때마다 예민해지는 어르신의 비위를 맞춰드렸다. 샤워시킬 때도 건들기만 해도 아파하시는 수급자를 달래가며 개운함을 느끼도록 해드렸고 함께 운동하며 그나마 햇빛을 보게 해드렸다. 칭찬은 고래를 춤추게 한다더니 어르신은 요양보호사의 칭찬으로 건강이 회복되는 듯 보였지만 결국 병은 어르신을 삼켜버렸다.

호스피스 병동에 입원해 계시는 동안 난 가끔씩 통화를 하며 파이팅과 안부를 전하다가 어느 날부터는 연결이 되지 않더니 아들과 연락했을 때 이미 고인이 되셨다는 사실에 마음이 무너졌다. 요양보호사로 인해 그 어르신은 하루하루를 더 사셨던 것으로 확신한다. 그 어르신에게 그 하루는 그토록 기다리고 누리고 싶었던 시간이 아니었을까?

---

8   사람 간의 상호작용이나 관계의 조화를 나타내는 신조어.

관찰자이자 조력자인 요양보호사

난 이 일을 하면서 수급자와 보호자에게 요양보호사가 하는 일에 대해 설명한다. 요양보호사는 제3자의 눈으로 수급자, 즉 환자인 어르신을 관찰하는 직업이라고. 어제와 오늘의 다름을 눈치챌 수 있어야 하며, 그래서 적절한 대응을 하는 것이 요양보호사가 하는 일이라고 전달한다.

요양보호사는 어르신을 관찰해야 한다. 무엇을 드시며 무엇만 드시는지. 어제와 오늘 보행의 모습과 발음이 얼마나 다른지. 무엇을 기억하고 무엇에 속상해하며 무엇에 신경 쓰면서 지내고 계시는지. 날씨에 민감하신지, 적절한 의복을 입고 계시는지, 대화를 나눌 때 표정의 변화가 있는지 무엇을 제일 두려워하며 무엇에 눈치를 보면서 지내시는지 등을 확인해야 한다.

또 보호자도 격려할 줄 알아야 한다. 요양보호사도 수급자를 살피지만, 가족인 보호자가 스트레스 받고 돌봄에 대해 힘이 빠지면 안 되기 때문이다.

매일 요양보호사가 방문해야 하는 이유는 같은 시간에 방문하면서 규칙적인 생활을 통해 수급자와 보호자에게 안정감이 있어야 하며 혹시라도 방치될 상황을 미연에 방지하기 위함이다.

가족들은 안타깝게도 정확한 관찰이 어렵다. 내가 보호자들에게 가장 많이 듣는 말은, "우리 엄마/아빠는 원래 그래요."다. 원래 그런 분이라서 원래 그렇게 지내시는 것으로 오해하고 있기 때문에 어르신들의 미세한 변화를 읽어내지 못한다.

그래서 요양보호사가 필요한 것이다. 나 역시 나의 엄마를 객관적으로 보기 힘들 때가 많다. 보호자들을 이해 못 하는 것이 아니라 서로가 상생하는 방법은 요양보호사와 센터에 의지하라는 의미이다. 본인이 가족으로서 어려움을 전달해서 요양보호사가 가교(架橋) 역할을 하면서 돌봄을 한다면 그것이 가족의 관계를 더 애틋하게 만들어 가는 것을 볼 때가 더 많다.

보이지 않는 노동의 무게

근로자로서 요양보호사는 근로자로서 누릴 수 있는 범위가 작다. 왜냐하면 약자에게 서비스를 제공하는 일이다 보니 명절처럼 달력에 빨간날이 연속 이어도 환자를 혼자 있게 할 수 없기 때문이다. 보통 근로자들처럼 1일 8시간 근무하는 사람들은 하루 1시간의 휴게시간을 누릴 수 있지만 수급자의 집에서 근무하는 사람에게는 휴게시간을 어떻게 보장한다는 말인가! 사실 쉴 수 있는 온전한 장소도, 휴게시간 보장도 없는데 국가에서도 어떤 방법도 모색하기 어려운 직업의 한계라는 생각이 든다.

어느 근로자의 날, 당연히 요양보호사도 근로자라서 하루 쉬게 했다. 꿀 같은 근로자의 날 휴무를 마치고, 다음 날 출근한 요양보호사의 마음에는 죄책감이 생기고야 말았다. 수급자가 침대에 모로 누워 있었고 입에는 토사물이 나와 있었다. 언제인지 정확하게 알 수 없지만 사망한 상태로 발견된 것이다.

경찰에 신고했고 사인을 규명하는 과학수사대의 말에 의하면 4월 말일 자정경 사망했을 확률이 높다고 했다. 5월 1일에 출근했어도 수급자는 사망했을 것이지만 요양보호사는 5월 1일 근로자의 날 쉬었다는 것에 죄책감을 느끼며 슬퍼했다.

어린이집이나 학교에서 근무하시는 선생님들도 직업적으로 고통이 있겠지만 그래도 생글생글한 생명력을 전달받아 힘이 생기지 않으실까? 우리 요양보호사들은 삶의 마지막을 향해가는 날이 얼마 남지 않은 분들을 대상으로 일하고 있기에 더 단단한 마음이 필요하다.

그래서 나는 강조하며 말한다. 힘들겠지만, "우리가 마지막을 섬겼다. 그래서 환자는 우리를 통해 행복했으리라고 믿으라."고 말이다.

그리고 그날 이후 우리 센터는, 근로자의 날에도 독거노인에게는 요양보호사에게 근로를 시키게 되었다. 근로자의 날에 근무하면 요양보호사에게 급여를 [9]2.5배를 주어야 함에도 불구하고 말이다. 사실 우리 같은 재가센터는 요양보호사에게 급여를 2.5배로 준다고 해도 나라에서 2.5배의 단가를 받지는 않는다. 하지만 이건 '돈'의 문제가 아니라 '마음'의 문제이다.

한번은 이런 일도 있었다. 아까 소개한 어르신 댁 이야기이다. 부부가 함께 장기요양 서비스를 받고 있는데 아무래도 요양보호사가 중복해서 동시에 근무를 하기에는 소모적인 부분이 많으니 시간을 조정해서 각각의 요양보호사가 겹치지 않게 서비스를 제공하고 있다.

어느 날, 배우자에게 염증이 심해 일주일간 입원

9　근로기준법상 근로자의 날은 유급휴무로서 근무를 하면 1.5배의 가산을 더하나 근로자들만의 특별한 휴일이기에 2.5배의 급여로 계산된다.

을 해야 했다. 배우자인 수급자가 입원을 한 덕에 요양보호사가 교대로 치매인 수급자를 돌보고 있었는데 시간이 흘러 문제의 주말이 찾아왔다. 토요일 오전에 요양보호사가 근무하면서 나에게 "저녁에 한번 방문해서 어르신 기저귀를 갈아드리고 누이도록 해야 하지 않겠어요?"라고 말이다. 아무도 방문하지 않아 그냥 방치되면 그대로 24시간을 같은 자세로 계시기 때문이다.

우리 요양보호사는 수급자 댁에서 버스로 40분 정도 걸리는 곳에 거주한다. 어르신의 기저귀만을 갈기 위해 일부러 차비를 들여 오기엔 에너지 낭비가 맞다. 그래서 토요일 오후에 딸아이와 백화점 쇼핑을 하고 어르신께 방문할 시간을 가늠했다. 오전에 일하는 요양보호사가 퇴근하면서 정오쯤 기저귀를 한번 갈았을 테니까 저녁 7시쯤 어르신 댁에 방문해서 기저귀를 갈아드리려고 일부러 딸아이와의 데이트 시간을 조절해 가며 방문했다.

아파트 실외 주차장에 주차를 하고 눈을 들어 어르신 댁을 살펴보니 불이 꺼져 있었다. 우리 센터는 독거노인, 혹은 중증 어르신의 경우 집 비밀번호를 요양보호사와 우리 센터가 공유한다. 응급한 상황 발생 시 적절한 대처를 위해 어르신과 보호자가 함께 동의한 내용이다. 어쨌든 딸아이와 함께 어르신 댁에 들어갔더니 텔레비전은 켜져 있었는데 아무 화면도 나오지 않는, 움직이지 않은 화면만이 켜져 있었다. 어르신은 텅 빈 컵에 숟가락을 넣어 젓고 계셨다.

불을 켜고 어르신을 눕혔더니 과격하게 내 팔을 잡아당기며 눕기를 거부하셨다. 기저귀 교체를 해 드리기 위해 바지를 벗기니 당황해하시며 바지를 못 벗기게 잡고 소리를 지르시고 욕을 하셨다. 어르신의 돌발 행동에 우리 딸은 무척 놀라며 무서워했다. 나는 어르신의 가슴을 토닥토닥 달래가며 기저귀를 갈아드렸고 소파에 누워 주무실 수 있도록 다리를 펴 드렸고 혹시 소변이 새어 나올 수 있으니 방수 패드를 깔아드렸다. 그리고 눈부실까 봐 소등하되 주방의 작은 불만 켜두었다.

우리 딸은 나를 보며 묵직한 한마디를 남겼다.
"엄마, 극한직업이구나! 화이티이이이잉!"

5

함께하는 힘

— 돌봄의 팀워크

내가 가장 많이 듣는 말은, 재가서비스 사회복지사 중에 제일 힘들게 일하는 사람 같다는 말과 함께 "어떻게 그런 걸 하냐."고 하는 말이다.

　처음 돌봄 영역에서 근무했을 때는 아동이 대상이었다. 지역아동센터[10]에서 근무한 나는 그 아이들

10　지역사회 아동의 보호, 교육, 건전한 놀이와 오락, 보호자와의 지역사회연계 등 아동들의 건전 육성을 위하여 종합적인 복지서비스를 제공하는 시설.

이 성장하는 미래를 꿈꿨다. 야구장에 같이 가고 영화를 보고 책을 읽게 하고 또 생각을 자유롭게 말해보게끔 하고 연극도 함께 만들어 보며 많은 경험을 쌓게 했고, 우리나라의 미래가 잘 자라기를 바랐다. 한 중학생은 "평창 올림픽 때 선생님 표를 사서 함께 올림픽 보러 가요! 제가 쏠게요!"라고 내게 말했다. 물론 평창 올림픽 때 나는 텔레비전으로만 보았다. 어느 날 페이스북을 통해 자차를 구입했다는 그 아이의 성장한 모습을 보았고 잘 자라주어 고맙다는 생각을 했다.

두 번째 돌봄은 대상은 장애인이었고, 나는 장애인활동지원사업[11] 담당자였다. 그 당시 결혼 초기였는데 선천적, 후천적 장애인을 보면서 사실 임신 당시에는 뱃속의 아이가 장애가 있으면 어쩌나가 제일 큰 걱정이었던 기억이 있다. 장애인의 돌봄을 통해 내가 얻은 건, 사랑이었다. 내가 본 장애인들은

---

11 사회서비스형 사업으로, 국민연금공단이 운영하며 장애인을 대상으로 활동지원사를 파견하는 사업.

생각보다 가족들이 더 끈끈했다. 특히 어린 장애인일수록… 그 중, 딸아이가 자폐장애인을 가진 어머니의 말씀이 기억나는 건, "신은 감당할 수 있는 사람에게 장애인을 맡긴다는 것"이다. 물론 그 댁은 경제적 여유가 있는 댁이었다. 장애인의 가족이 다 같은 조건이 아니기에 어떻게 말해도 조심스럽지만 그 가족들의 무게와 마음은 '아무나 장애인을 돌볼 수 있는 것이 아니구나'라는 생각을 하게 한다.

아무튼 장애의 종류에 따라 다르겠지만 장애인들은 활발한 활동을 하며 영역을 넓혀가기도 하고 유기적으로 잘 조직되어 있다고 생각한다. 물론 일반인인 내가 갖는 편견일 수도 있지만 말이다.

한 가지 기억나는 아픔은, 당시 장애인활동지원사업에는 연 1회 운영위원회의를 한 기록이 있어야 하는데 운영위원에는 장애인 1인이 무조건 운영위원으로 있어야 한다. 회의 진행을 위해 휠체어를 이용하는 장애인이 들어갈 수 있는 식당을 찾는 데 많은 시간이 소요되었다. 당시 휠체어가 들어갈 만한 음식점이 많지 않았고 보도블록과 횡단보도 간 턱이 많아 휠체어의 이동이 쉽지 않아 휠체어를 타야 하는 장애인이 운영회의에 참석을 위한 장소 섭외가 쉽지만은 않았었다.

물론 지금은 많은 부분이 개선되었지만 그것도 얼마나 많은 장애인들이 건의하고 항의하였던 결과였을까! 하지만 내가 근무했던 5년 동안 본 장애인들은 애로사항이 없지 않았지만 다른 영역보다 그래도 잘 조직되어 있어 앞으로도 정치적, 행정적으로도 더 개선되고 발전될 수 있지 않을까 하는 생각을 조심스럽게 해본다.

장애인 분야를 하면서 동시에 진행했던 일이 노인돌봄종합서비스[12]라는 분야였고 현재까지 하고 있는 노인 영역은 제일 마음이 아프다.

---

[12] 만 65세 이상의 취약계층 노인을 대상으로 안정적인 노후 생활을 보장하고 노인의 기능과 건강을 유지 및 악화 예방을 지원하는 서비스로 사회서비스의 일종이다.

현장을 안다는 것

감사하게도 내게는 좋은 사람이 많다. 돌봄 영역에 근무하는 사람이 갖추어야 할 마음을 갖도록 끊임없이 자극을 주는 요양보호사가 곁에 있고, 내가 하자고 제안하는 대로 같이 함께해 주는 사회복지사가 있다.

대체로 사회복지사는 현장에서 수급자의 기저귀를 간다거나 수급자의 목욕을 돕거나 하지 않는다. 사회복지사는 그저 행정적인 일을 처리하며 요양보호사의 하소연을 들어주면 되는 일이었다.

물론 행정적인 업무가 어마무시하다. 요양보호사들의 하소연 들어주는 일도 만만치 않게 에너지를 빼앗기는 일인데 수급자와 더불어 요양보호사와의 관계까지 사람을 상대하는 일이다 보니 탈진되는 느낌이 들 때가 많다. 행정을 다루는 사회복지사는 소수인데 수급자나 요양보호사는 다수이다 보니 들어야 할 말이 더 많지 않은가! 하지만 남편과 함께 재가복지서비스를 직접 운영해 보면서 요양보호사에게 가장 많이 들었던 말은, "네가 현장을 알아?"라는 말이다.

아마도 자신들의 고충을 설명하고자 하는 의미였겠지만 그런 말들이 자극이 되어 실제로 수동 휠체어를 밀 때 상황에 따라 전진해야 할지 후진해야 할지를 알고, 와상 환자에게 기저귀를 갈아주는 방법을 직접 실천해 보고, 뚱뚱한데 설 수 없는 남자 환자를 목욕시키는 방법을 연구하며, 찍찍이 기저귀를 착용할 때 남자와 여자의 착용 방법의 차이를 배웠고, 항문에 변이 껴 있을 때 변을 파내는 방법을 알게 되었으며, 체위 변경을 하는 방법이나 환자를 고정시켜 욕창을 예방하는 방법을 알게 되었다.

재가서비스 일기 ②

꼽추처럼 등의 뼈가 올라온 수급자가 있다. 10년을 넘게 살고 계시는 집주인이 집을 허물고 빌라를 지어야 하니 집을 비워달란다.

노인들이 살 집을 구한다는 것이 얼마나 어려운 일인지 그때 처음 알았다.

78세의 할머니가 지역을 이동해서 새로 정착해서 살아가는 것도 어려운 일이고, 집을 구해 이사 가는 것 자체가 어려운 일이다. 나는 무더운 5월에 이사 갈 집을 구하기 위해 엄청 돌아다녔다. 어르신, 집주인, 동장님은 모두 나만 쳐다보며 해결해 주기를 원했고 자주 진행 상황을 묻는 재촉 전화를 받아야만 했다. 2일 정도 다른 업무를 못 한 채 집을 구한다고 여기저기 사정하고 돌아다니다가 적절한 집을 발견했는데 막상 집주인이 어르신을 보시더니 집을 못 주시겠다고 하셨다. 몸 상태를 보니 곧 돌아가실 것 같다고…

집주인에게 얼마나 사정했는지 모른다. 매일 요양보호사가 오시니 집은 깨끗하게 쓸 수 있고 우리 어르신이 여태껏 혼자 생활하시면서 넘어지신 적이 없으시며 우리 센터에서 자주 살펴드리니 걱정하시지 않으셔도 된다고 했더니 집주인은 계약서에 그 내용을 적으면 집을 임대해 주겠다고 하여 추가 작성 후 극적으로 이사를 하게 되었다.

이사하던 날, 이삿짐 아저씨는 까무러치셨다. 생각했던 것보다 짐이 너무 많아 힘들어하셨다. 어르신은 젊은 시절에 포장마차 하시던 국수 그릇과 국자까지 버리지 않고 다 가지고 계셨다. 너무 죄송하지만 버릴 것은 과감하게 버려야 했기에 이삿날 아침부터 버릴 것과 챙길 것을 구분하는 등 이사를 진

두지휘했다. 함께 센터를 운영하는 남편과 나, 우리 사회복지사는 아침 8시부터 오후 5시까지 목장갑을 끼고 머슴처럼 일했는데 어르신께서 점심도 안 사 주셔서 우리는 쫄쫄 굶었다.

이사를 무사히 마치고 아들에게 이사한 집 주소를 문자로 남겨두었다. 애초에 어르신의 이사에 관심이 없었던 아들은 어르신의 보증금에 관심이 있어 얼마인지 묻는 게 전부일 뿐이었다. 그렇게 이사를 한 후 그동안 지자체를 통해 받았던 서비스들을 받기 위해 행정복지센터 방문 처리를 하는데 2일 정도 더 소요 했었던 기억이 있다.

한동안 어르신은 없어진 물건들을 찾으시며 애꿎은 이삿짐센터 사장님을 욕하셨다. 사실 내가 버린 것이지만 그냥 어르신과 함께 이삿짐센터 사장님을 욕하고 마무리 지었다. 다행히 그 이후로 어르신은 그 일을 잊어버리셨다.

　LH에서는 무주택 기초생활수급자에게 임대주택에서 최대 20년간 저렴한 가격에 거주할 수 있도록 도와주고 있다. 나는 우리 센터 이용자 중에 건강이 안 좋아 거동이 불편하신데 거주하시는 환경이 너무 좋지 않아 생활이 불편한 수급자 3명을 임대주택에 당첨시켜 이사를 시켜드린 경험이 있다. 물론 운도 좋았지만 몇 번 하다 보니 나만의 노하우도 생기게 되었지만 말이다.

그분 중 한 분의 일화를 소개해 드리자면, 핸들이 있는 전동차를 이용하시는 분이었다. 처음에는 장기요양 3등급으로 보행도 어렵고 대소변 실수도 가끔씩 하시는 분이셨다. 당시 거주하셨던 집은 보증금 150만 원짜리 집이었고 대문에서 방까지 거리가 30m 정도 되었지만 수급자의 보행 수준으로는 사실 많은 시간이 소요되는 상황이었다. 화장실은 대문 앞에 있어 화장실에 가시려면 시간이 많이 필요했으며 샤워할 공간이 없어 주방에서 방으로 들어가는 입구에서 물을 데워가며 샤워해야 했기에 어려움이 많았다.

그 와중에 어르신이 재활치료를 하면 좀 나아질까 싶어 의사 선생님과 상의하여 재활치료를 받으러 대략 4개월 정도를 다니셨는데 어르신께서 병원까지 전동차를 타고 다니셨다.

문제는 전동차였다. 전진은 가능한데 좌우를 살피지 않으신다. 전동차도 차인데 상대 차량이든 보행하는 사람이든 위험함을 인지하지 못하고 계시는 게 가장 큰 문제였다. 그분에게 전동차는 이동 도구일 뿐이지 안전에 대한 개념이 없으셨다. 병원에서도 재활치료실까지 찾아가지를 못하시기에 약 2주에 거쳐 함께 병원에 동행하며 운전을 훈련시켜 드렸다. 방향 감각이 없는 수급자에게 재활치료실 찾아가는 방법, 엘리베이터를 전동차로 이용하는 방법, 전동차를 주차하는 방법, 병원비를 수납하는 방법 등을 가르치는 데 많은 시간을 소요했던 기억이 있다.

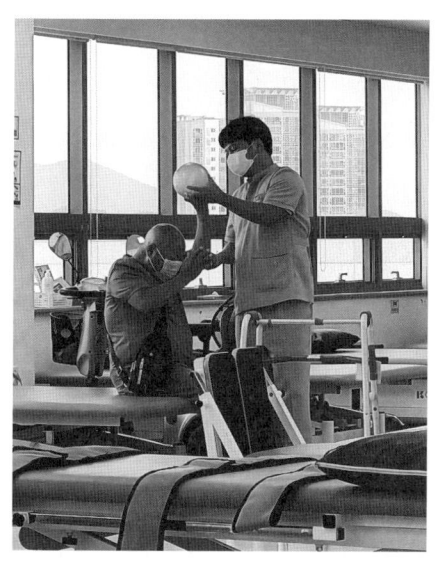

이 어르신에게도 LH를 통해 새집을 얻어드렸는데 당첨된 새집은 집 안에 화장실이 있고 방이 2개에 거실, 심지어 에어컨까지 갖춰진 최상의 조건의 집이었다. 참 독특한 것은 누구나 자신만의 살아가는 방법이 있다는 것이다. 어르신은 집 안까지 전동차를 타고 들어가셨다. 기발한 어르신의 행동에 우리는 전동차도 망가지지 않고 어르신도 다치지 않도록 경사로를 설치해 드렸다. 하지만 어르신은 쉽게 방에 들어가시긴 하셨으나 운전이 서툴러 방문이며 벽, 베란다 창문을 깨부수는 일이 생겼다.

우리 센터는 수시로 집을 수리하였고 어르신이 다치지 않을 상태로 지내시도록 환경을 재정비하였고, 이를 계기로 어르신에게는 저축을 하실 수 있도록 가르쳐 드렸다.

평소 생활 습관이 좋지 못했던 어르신에게 아무리 나라에서 주는 집이라도 관리를 잘하지 않은 것은 본인에게 잘못이 있으므로 스스로 저축하여 해결하지 않으면 어르신으로 생긴 빚이 하나밖에 없는 아들에게 대물림될 수 있다고 겁을 주며 저축을 유도했고 요양보호사들은 돌아가며 각종 양념, 기본적 반찬을 도와드림으로써 월 20만 원씩 적금을 가입할 수 있도록 해드렸다. 그렇게 1년 6개월 정도 생활하시다가 댁에서 사망하셨다.

평소에 어르신은 아들과 연락하지 않고 지내셨다. 예전에 어르신의 건강 악화로 장기요양등급 변경을 하기 위해 장기요양 변경신청서를 작성해야 해서 아들과 통화를 시도한 적이 있다. 보호자란에 전화번호와 주소를 알아야 한다고 전달했더니 보호자 없다고 적으라고 했었다.

그날은 수급자가 사망하셨기에 사망 소식을 내가 아들에게 전했다. 현재 지내고 계시는 곳이 이사한 곳이었기 때문에 주소를 알려드린 적이 있었는데, 사망 소식을 들은 아들은 어디로 가면 되는지를 되물었다. 그동안 한 번도 오지 않은 모양이다. 아들은 무연고 장례를 원했고 경찰과 함께 무연고 동의서를 쓰러 간 사이에 어르신의 시신이 운구되었다.

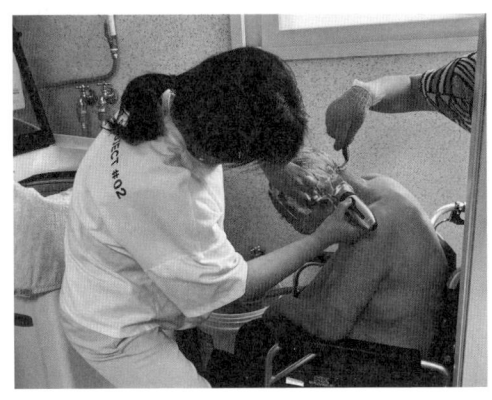

　하얀 천 속에는 사망 시의 모습으로 덮인 어르신의 모습이었는데 마치 평소의 모습과 같아 마음이 짠했다. 다행히 돌아가시기 일주일 전에 샤워를 시켜드린 터라 내 마음은 슬픔보다는 안녕히 가시라는 이별의 준비였고 우리 나중에 꼭 만나자는 또 다른 인사였다.

　우리 센터는 어르신께서 그동안 조금씩 모은 돈과 통장, 도장을 아들에게 전달하였고, 집수리 문제 해결 및 LH 집 계약 해지 등을 해야 했기에 계약서 등을 아들에게 인계하고 마무리를 하였다. 나는 어르신이 사망하신 다음 날 고인이 된 어르신 댁으로 쓰레기봉투를 들고 찾아가 짐 정리를 해드렸다. 내가 해드릴 수 있는 마지막 선물이었다.

보통의 어르신은 입원을 하셔도 여기저기 전화를 걸어 본인의 입원 소식을 알린다. 그리고 방문해 보지 않으면 섭섭해하신다. 그와 더불어 그러면서 '본인이 죽으면 누가 장례식장에 와주기는 할까?'라며 은근히 걱정하시는 분도 계신다. 이 어르신도 같은 고민을 하신 걸 보니 본인이 느끼기에도 잘 살아온 인생이 아니었나 보다. 요양보호사는 걱정하지 마시라며 자기가 있어 주겠다고 이야기 나누었음을 사후에 알게 되었다. 장례식은 없었지만 제법 많은 사람들이 애도했었다. 오늘 만난 어르신은 조금씩 저축을 하신단다. 본인이 죽고 나면 장례식장에서 마지막으로 지인들에게 술대접을 해주고 싶다는 이유로 말이다. 어르신들의 이런 고민들은 사실 자식보다는 요양보호사들이 더 잘 알고 있기 마련이다.

어느 날, 보호자에게 연락이 왔다. 밤새 엄마를 잃어버렸는데 아침에 경찰서에서 전화가 왔단다.

보호자가 지금 멀리 있어 달려갈 수 없으니 엄마를 모셔달라는 요청이었다. 보호자의 요청으로 경찰서를 찾아갔다. 어르신은 치매 노인으로 창가 앞에 있는 3개짜리 의자에 다소곳이 앉아 계셨다. 경찰관에게 찾아온 경위를 말하고 어르신을 모시려 했는데 온몸에서 냄새가 진동했다. 소변과 대변이 뒤섞여 있었다. 차에 모시고 댁으로 모시고 갔더니 배우자가 어르신을 보자마자 바닥에 주저앉아 우시는 것이다. 본인이 아내를 챙기지 못한 탓을 하시느라 밤새 얼마나 괴로우셨을까…

그 와중에 어르신은 화장실에 들어가시더니 속옷을 벗었다 입기를 반복하셨다. 다 닫히지 않은 화장실 문틈으로 어르신의 당황스러운 표정이 보였다. '뭔가 이상한데 뭐가 이상한지 모르시는구나!' 그때 내가 할 일은 우선 수급자가 대소변을 실수하신 상태였기에 얼른 샤워시켜 드려야 했다.

요양보호사의 출근 시간이 아니었고 기다릴 수 있는 문제가 아니기에 나 혼자 서둘러 샤워를 해드렸다. 대소변으로 범벅이 된 하체가 더럽지 않았다. 내 머릿속에는 오직 밤새 낯선 곳에서 두려우셨을 어르신의 마음만 걱정되었을 뿐이었다.

이 어르신은 샤워가 어렵다. 온몸으로 저항을 하시는 분이다. 다행히 이날은 온순하셨지만 평소에 요양보호사는 수급자가 대변 실수를 하면 내게 샤워해야 한다고 연락을 한다. 그럼 나는 수급자 댁으로 출동을 해야 했고 요양보호사와 함께 어르신을 강제로 화장실로 모시고 들어가 샤워를 시킨다.

보통 환자를 샤워시킬 때는 샤워 의자나 변기를 이용하는 것이 제일 수월하다. 어느 날 대변이 바닥으로 떨어졌다. 어르신이 발바닥으로 밟을까 싶어 바로 대변을 손으로 집어 변기에 던져 넣었다.

요양보호사가 내게 하는 말이 "사회복지사가 저렇게 하니 내가 힘들어도 그만둘 수가 없네."

6

이별의 순간,
삶의 질문

우리나라에서 '안녕'이라는 말은 두 가지로 쓰인다. 만났을 때 반가움의 안녕! 그리고 헤어질 때 마지막으로 하는 말, 안녕.

 어느 날 아침 요양보호사의 급한 전화가 왔다. 어르신이 쓰러지셨다는 것이다. 119를 부르라고 지시한 후 바로 댁으로 달려갔더니 이미 119는 자리에 없고 112, 경찰이 와 있었다. 어르신이 사망하신 상태였던 것이다.

전날 요양보호사와 어르신은 당일 소고기 전골을 해 드시기로 했다고 한다. 요양보호사가 출근해 보니 보통 때와 다르게 이부자리가 정리되어 있지 않고 베개 머리맡에 어르신의 안경이 있었다고 한다. 창문도 열려 있지 않아 이상하다고 생각했다고 한다. 혹시 화장실에서 샤워하시는데 여자 목소리가 들리면 당황하실까 봐 아무 소리도 내지 않고 주방으로 가 바로 양파를 썰다가 아무래도 이상해서 온 집 안을 둘러보다가 화장실 안쪽에 쓰러져 있는 수급자를 발견하고 전화를 했던 것이다.

상황은, 밤에 야간뇨를 보시다가 욕조로 쓰러지셔서 심장마비로 사망에 이르게 되셨다. 경찰은 고인을 거실로 옮겼고 최초 발견자인 요양보호사는 경찰에게 사건 경위를 말씀드리고 우리는 보호자를 기다렸다.

도착한 보호자는 천으로 덮인 어르신의 얼굴을 펼쳐보며 넘어지셨을 당시 났던 피를 물티슈로 닦아 드렸다.

정말 사랑하는 아버지의 갑작스러운 부고 소식에 정신없이 달려와 속상해하며 눈물 콧물 흘리는 보호자를 위해 내가 해드릴 수 있는 것이 없었다. 그저 보호자의 눈물을 닦을 티슈를 전해주는 것밖에…

살아 있는 나, 죽음을 바라보다

 그날 경찰은 타살의 흔적이 없으니 그만 가보겠다며 고인을 거실에 주무셨던 이불로 감싸두고 자리를 떠났고 나는 요양보호사와 거실에서 보호자를 기다렸다.

 나는 요양보호사에게 얼마나 놀랐는지 위로하고 청심환을 먹을지 말지를 이야기하면서 보호자와 연락하여 장례식장을 잡아드리고 운구를 요청하는 등 내 입장에서 당황스러울 보호자를 위한 최소한의 일을 처리하고 있었다. 그런데 갑자기, 지금 내가 살아 있는 사람과 망자와 함께 한 공간에 있다는 사실을 인지하게 되었다.

살아 있다는 것과 죽은 것의 차이를 처음으로 느꼈다.

사람은 모두 비슷하게 얼굴과 몸통, 팔과 다리를 가지고 있고 남자와 여자가 다른 것일 뿐이다. 같은 사람의 형태로 같은 공간에 있는데, 죽은 사람은 말이 없었고 죽은 사람은 듣지 못했고 죽은 사람은 생기가 없고 온몸이 나무토막같이 굳었고 피부는 파랬다.

그날 나는 의도하지는 않았으나 시신을 옮기는 모습, 경찰이 타살의 흔적을 찾는 모습 등 처음으로 죽은 사람의 마지막 모습을 처음부터 끝까지 다 보았었다.

사실, 이 일을 하면서 보람만 느꼈던 것은 아니다. 삶과 죽음을 보았고, 시간이 지나며 점점 늙어가는 모습을 지켜보았으며, 치매인 환자의 진행 속도도 지켜보았다.

그리고 내가 저 모습이 된다면 나의 가족은 날 어디까지 챙겨줄 수 있을까? 라는 의문을 오랜 시간 하고 있었다.

역설적으로, 나는 내가 좋아서 이 일을 하고 있다. 그런데 막상 내가 아프면 날 위해 이렇게 해줄 사람이 있을까? 그런 생각들이 꼬리에 꼬리를 물었고, 보기엔 안 그래 보이지만 나는 우울증과 공황장애 약을 먹으며 하루하루를 버티는 중이다. 당시 어떻게 죽을지에 대한 상상도 매일매일 하며 지내던 때였는데, 그날 이후 나는 내가 어떻게 살아야 하고 어떻게 죽어야 하는지를 명확하게 깨달았다.

사람은 시간이 지날수록 늙어감에 몸이 망가질 수밖에 없고 아플 수밖에 없지만 내 몸을 관리해야 하는 이유, 가족에게 좋은 기억을 남겨야 하는 이유, 가족 간에 사소한 추억이라도 쌓아야 하는 이유, 가족을 사랑해야 하는 이유를 나는 그날 처음으로 깨달았다.

나에게 하나뿐인 딸이 저렇게 속상해하면 너무 미안할 것 같아, 그동안 나의 죽음에 대한 준비를 했었던 모든 것들에 대해 딸에게 미안했다.

삶은 유한하고, 죽음은 언제나 우리 곁에 있다. 그래서 나는 오늘도, 누군가의 마지막 '안녕'을 잘 준비하려고 한다.

7

단단해진 꿈

― 일취월장한 배우가 된 사회복지사

 지난해 여름은 유난히 길었다. 내 기억엔 10월까지 반팔을 입었으니 말이다. 그리고 그해 겨울, 우리 센터 수급자가 다양한 이유로 10명 가까이 돌아가셨다.

 보통 이 일을 하며 어른들이 제일 많이 돌아가실 때는 봄이 되는 시기이다. 추운 겨울을 보내고 나면 돌아가시는 일이 많았다. 유별났던 지난여름이 길었던 탓이었던 것 같다.

 어르신들은 더위를 잘 느끼지 못한다. 하지만 느

끼지 못할 뿐이지 덥다. 그래서 기력이 빠진다. 본인은 덥지 않고 본인은 냉방비가 아까우니 선풍기나 에어컨을 틀지 않는다. 하지만 실내 온도의 유지는 중요하다. 갑자기 많은 어르신들이 돌아가시니 부고 소식이 많아져 하루에 장례식장만 2번 간 적도 있다.

재가서비스 일기 ③

 작년에 요양보호사가 연락이 오기를, 어르신이 가슴이 아프다고 호소한다시기에 병원을 알아보고 예약하고 검진을 받았다. 유방암이란다. 유방암은 암이 살을 찢고 나오기 때문에 환자의 고통도 무시할 수 없고 곁에 있는 사람도 살 썩는 냄새를 견디기 힘들기에 절제하는 방법밖에는 없다고 하여 날짜를 잡고 수술을 받기로 하였다.
 어르신의 동생들에게 연락을 했더니 돌아온 반응은 "어떻게 하지?"였다. 아들에게 연락했더니 연락이 닿지 않았다.

의사와 상의를 했고 어르신에게는 [암]이라는 단어를 사용하지는 않았으나 건강 유지를 위해 치료를 해야 하니 수술을 받자고 이야기했다.

수술 동의서는 내가 썼다. 치료 방법은 항암제를 사용하는 것인데, 항암제는 뼈를 삭게 만든다고 한다. 그런데 어르신이 고령이고 골다공증이 너무 심해서 일단 골다공증에 대한 치료부터 하자고 하셨다. 뼈 주사를 맞고 칼슘제를 드시도록 하였고 어느덧 6개월이 흘러 정기검진을 다녀왔는데 지난번 수술한 유방은 괜찮았고 뼈도 건강해진 반면 반대편 유방에 암이 전이가 되었다는 소식을 들었다. 그래서 어쩔 수 없이 반대쪽도 수술 날짜를 잡아야만 했다. 그리고 이제는 항암제를 사용하기로 했다.

암이 다른 곳에 전이가 되었는지 확인하고 싶지만 고령이라서 검사의 의미가 없다고 한다. 그리고 현재 신체 상태가 CT든 MRI든 검진을 받을 수 있는 신체 상태가 못 되기 때문에 어느 병원에서도 꺼려 할 것이라고…

동생분께 안내를 했다. 본인도 아프니 알아서 하

라는 답변만 받았다. 아들에게 전화로 상황을 알렸다. 전문가가 그리 말했으면 그렇게 하란다. 대신하여 병원에 다녀주어 고맙다는 말은 그 누구에게도 들을 수 없었다. 한 번도 인사치레의 말을 듣기 위해 일한 적은 없지만 막상 아무런 인사가 없으니 힘이 빠진다. 센터나 요양보호사, 수급자와 보호자, 학교 교사나 학생, 남편과 아내… 우리들은 수많은 관계를 하며 지내고 있다. 그런데 그 관계 속에 공감의 말 한마디면 돈 안 들고도 생색을 낼 수 있는 것이라고 생각한다. 그런 공감의 말이 서로 간에 있다면 보다 좋은 관계가 유지될 텐데… 하는 아쉬움이 남는다.

해치백 자가용을 이용하고 있는 나는 휠체어를 트렁크에 넣을 수가 없다. 어르신을 모시고 병원에 가려면 뒷자리에 휠체어를 들어 집어넣고 그 옆에 어르신을 앉히고 조수석에 요양보호사를 앉히고 운전석에 내가 앉는다. 병원에 갈 때마다 휠체어를 들었다가 내리기를 반복하고 병원 복도가 좁으면 좁은 대로 연신 죄송하다고 말하며 다른 환자들의 배려를 요청해야 한다.

엑스레이를 찍을 때나 유방 검사를 할 때, 어르신이 차렷 자세가 어려워 나도 방사선 옷을 입고 어르신을 뒤에서 안아 세워 드렸다. 고생은 내가 했는데 간호사에게 고맙다고 말했다. 그 모든 것을 하는데 기름값이며 나의 시간과 노력의 대가는 따로 없다. 그저 마음으로 하는 것일 뿐. 그리고 나와 비슷한 마음으로 환자를 봐주시는 간호사나 의사 선생님을 만나면 동질감을 느끼는 것은 나만 느끼는 마음일까?

얼마 전에 낙상으로 고관절이 골절된 분이 계셨다. 그날은 내가 휴가여서 요양보호사와 사회복지사가 119를 통해 보호자가 없어도 입원이 가능한 병원으로 이송했다. CT 결과 고관절 골절이라며 당장 입원 후 수술을 하지 않으면 돌아가신다고 겁을 주었다고 한다.

사회복지사가 어디가 얼마나 골절되었는지 궁금하여 CT 결과를 보자고 말하니 보호자가 아닌 사람에게 CT 결과를 보여줄 의무가 없다며 알려주지 않았다고 한다. 결국 어르신은 익일 수술을 마치셨다.

휴가를 마치고 나는 병원으로 가서 내가 손녀딸이라고 거짓말을 했고 CT를 보여달라고 했다. 보통의 병원에서는 골절이 되면 확대하거나 좌우를 비교해서 어디가 어떻게 골절되었는지 비교해서 안내하는데 "골절이 되었고 이렇게 인공관절을 넣었습니다."가 끝이었다.

의학적 지식이 부족한 상태에서 일단 인공관절이 들어갔으니 좀 더 건강해지실 것으로 믿자고 스스로를 위로하고 3주 후 퇴원을 앞두고 긴급의료비지원을 통해 병원비를 해결했다.

그런데 영수증을 받고 무려 1,000만 원 가까이 나온 금액을 보고 놀라지 않을 수가 없었다.

우리가 일선에서 일하는 사람이고 이 어르신은 보호자가 없다. 골절이어도 그저 으스러진 것이 아니고 그저 금만 간 거였다면 조금 더 기다려 보는 치료 방법은 없었을까? 고관절이 골절되면 48시간 이내에 수술을 받아야 한단다. 고관절은 혈전이 지나는 곳이어서 적절한 시간 안에 치료가 되지 않으면 합병증이 생길 수 있다는 것이다. 1,000만 원이라는 국민의 혈세가 우리 어르신에게 혜택으로 받았다는 것에 물론 너무 감사하지만 다양한 방법을 통해 혈세를 아낄 수는 없었을까? 하는 생각은 나만 드는 생각일까? 아마도 이런 생각은 제대로 된 설명을 듣지 못했기 때문일 것이다.

이 일이 계기가 되어 이미 많은 시간이 지났지만 나는 많은 부분을 알아보기 시작했다. 최초 어르신의 골반 골절 사진을 확인했고 치료 과정을 점검해 보았고 현재 건강과 생명에 어떤 영향을 미치는지를 알아보았다. 보호자가 없는 데다 기초생활수급자여서 병원 입장에서 현재 어르신의 건강에 대한 경과를 이야기할 대상이 없다는 판단으로 우리 어르신이 방치된 건 아닌지… 어르신의 보호자 역할을 하려 했던 나도 무능했던 건 아닌지…

호기심에서 배움의 시간이 되었다.

어떤 이들에게 나는 혼자 다 하려 하는 일련의 행동들이 욕심이거나 오만으로 보일 수도 있고, 오지랖이 넘친다고 하는 이도 있다. 또 어떤 이는 어떤 일에 꽂혀 앞뒤 생각하지 않고 있는 것처럼 보였을지라도, '다음번엔 이런 실수를 하지 말자', '직계가족은 아니지만 보호자 역할을 하기로 했으면 제 역할을 다 하자! '누가 뭐래도 저 사람을 위해 최선을 다하자'라는 나의 의지가 공부가 되었고 이제는 그 누구라도 보호자가 없는 어르신이 계시다면 후회되지 않도록 최선을 다해야겠다고 생각했고 방법을 찾아냈다.

수급자가 아파 응급실을 통해 병원에 들어가면 보호자가 무조건 있어야 병원에서 받아준다. 우리의 일은 [13]건강보험공단을 재원으로 하기 때문에 외래진료가 아니고 응급실이나 입원을 하는 경우에는 무조건 요양보호사의 서비스가 [14]종료된다. 근무를 해도 시급을 줄 수 없다는 뜻이다. 다행히 나에게는 나를 도와주는 좋은 사람이 많다. 아니 마음이 착한 사람이 많다고 설명하는 게 더 적절한 표현이겠다. 본인들 마음이 아파서 수급자의 입원 수속이 될 때까지 곁에 있어 보호자가 되어주는 요양보호사도 있고, 기저귀가 없다고 병원에서 전화 오면 보호자가 아니라서 CT는 보여줄 수 없다고 해도 휴일이든 주말이든 기저귀를 사다가 전달해 주는 사회복지사도 있다.

난 항상 생각한다. 사장보다 더 회사를 생각해 주는 직원이 있다는 것은 행복한 것이고 사장은 분명히 그런 직원을 기억하고 알아야 한다. 물론 우리

---

13 우리가 납부하는 건강보험료의 장기요양보험료가 장기요양등급받은 자들에게 재원이 된다.
14 건강보험료의 중복 지원 방지.

직원들(요양보호사, 사회복지사)에게는 퇴근하면 수급자에 대해 잊어버리라고, 자신의 개인적인 영역까지 일을 끌고 가지 말라고 말한다. 하지만 실제로 우리의 수급자들은 우리를 서비스를 받는 3시간의 시간 이외에 4시간, 5시간, 아니 24시간까지도 의지하려 한다.

14년째 인연을 이어온 어르신이 고관절 골절된 어르신이다. 2개월 동안 3번의 수술을 받으시더니 본인의 전 재산 150만 원을 현금으로, 그리고 그 돈이 모였던 통장을 우리 센터에 맡겼다. 본인이 가지고 있으면 돈을 다 쓰고 없앤다고. 보관해 달라고. 그날 14년 만에 우리에게 신뢰가 생겼구나 하는 생각이 들면서 행복했다.

14년이라는 시간 동안 우리에게는 많은 일들이 있었다. 미운 정, 고운 정이 들었는데 이제야 신뢰가 생기니 기분이 묘했다. '아마 그 돈은 그 어르신이 돌아가시면 집을 정리하는 데 쓰이겠지'라고 생각했고 우리 남편은 비닐봉지에 테이프까지 봉해서 묶어 보관해 두었다.

유방암 수술을 받은 어르신은 내게 말한다. "이뿐아! 고맙데이~" 그래서 나는 이렇게 대답했다. "어머니만 괜찮으면 다 패안타." 우리는 조만간 어르신의 금팔찌를 하는 데 함께 가기로 했다.

나에게는 아빠, 엄마가 계시고 시부모님이 계신다. 그리고 내가 보호자가 되어드려야 하는 어르신들이 계신다. "폐 상태가 언제 돌아가셔도 이상할 것이 없으십니다."라고 말씀하시는 의사 선생님 앞에서 내가 그분의 혈육인 보호자가 아니라서 어떠한 결정도 할 수 없는 무기력함을 느끼지만 앞으로도 내가 할 수 있는 것들을 쭉 할 생각이다. 이 정도면 누군가에게는 감동을 주는 배우로서 손색이 없지 않을까?

8

마지막까지 "사람"답게, 돌봄으로의 초대

"어떻게 살았는지 뻔하다!" 지금 어떤 중요한 결정을 해야 하는 순간에 혼자인 어르신을 보면 누구나 이렇게 말할 것이다. 그런데 중요한 건 그게 아니다. 지금 눈앞의 이 환자, 이 어르신이다. 그의 삶이 어땠는지 우리가 어떤 기준으로 평가할 수 있을까? 과연 우리는 평가자가 될만한 자격이 있을까?

그저 안타깝다. 마음은 보이는 게 아니기 때문이다. 보호자가 되어드리고 싶어도 법적으로 아무 의미가 없고 보호자를 찾아도 거부하면 개인정보라 연락처를 받을 수가 없다는 것이 현실이다.

그래서 말하고 싶다. 누구나 가지고 있는 아픔과 괴로움, 슬픔, 걱정의 크기·모양만 다를 뿐 다 비슷하고 똑같다고.

그리고 그걸 잘 활용하면 누군가에게 도움이 되고 힘이 되고 용기가 되고 고마움이 될 것이라고. 우리들은 그렇게 살자고.

우리 센터가 모시는 어르신들은 어떤 형태로든 언젠가 서서히 헤어질 것이다. 가능하다면 그분들을 "사람"으로 지내시다가 돌아가시게 돕는 것이 나의 바람이다. 거의 모든 어르신들이 댁에서 지내시다가 돌아가시고 싶은 마음을 담아, 하루라도 더 웃으시고 누리시고 돌아가실 수 있도록 내가 해드릴 수 있는 한 최선을 다해 도울 것이다.

같은 마음으로 수급자 1명에게 4명의 요양보호사가 붙은 적이 있다. 기존 요양보호사, 저녁에 와서 기저귀를 갈아주고 밥 차려 주는 요양보호사, 주말에 기저귀와 식사를 지원해 주는 2명의 요양보호사… 이렇게까지 하는 이유는 그분들이 요양병원을 원하지 않아 우리가 유기하거나 방치하기 않기 위해 요양보호사들과 상의 끝에 마음을 다해 서비스를 제공한 것이다. 물론 급여를 받은 요양보호사도 있고 마음으로 서비스를 제공한 요양보호사도 있다. 이렇게 다양한 방법으로 그분들에게 난 최고의 배우로 남고 싶다.

우리 센터는 추가로 받는 기부금이 없다. 장기요양 서비스를 제공하는 센터로서 건강보험공단에 일한 만큼 [15]청구해서 받는 돈이 전부일 뿐이다. 그 돈으로 요양보호사의 급여를 지급해야 하고 급여성으로 지출되는 금액은 총청구 금액의 86.6%이다. 그러면 나머지 13.4%가 운영비가 되는 것이다. 그래서 물질로 할 수 있는 일의 한계가 있기에 우리 센터는 필요한 수급자에게 우리 체력과 시간과 마음으로 일을 하고 있다.

---

[15] 수급자별 일일 근무시간을 월별로 정리해서 공단에 금액을 산정하여 청구함.

돌봄으로의 초대

 돈도 좋겠지만 그보다 더 받고 싶은 기부가 있다. 항시 필요한 기저귀와 방수 패드, 메디폼 같은 소소한 약들, 경제적인 여유가 없는 이들에게 필요한 부드러운 죽이나 미숫가루, 혹은 유통기한이 지나지 않은 각종 양념, 사용 가능하지만 쓰지 않는다면 밥솥이나 선풍기, 전자레인지 멀티탭 등. 그리고 제일 중요한 성장 가능한 요양보호사. 이런 것이 다 내가 받고 싶은 기부이다.

마지막으로, 내 이름은 진보라(陳寶羅)이다. '보배를 건졌다'라는 의미를 가지고 있다. 나를 만나는 사람들에게 전하고 싶다. "나랑 인연이 되시는 분은 보배를 건진 거예요. 그러니 자부심을 가져도 좋아요! 그리고 몸으로, 마음으로 함께해도 손해 보지 않을 거예요! 왜냐하면 우리를 통해 행복하게 돌아가시는 분들이 계시니까 우리 마음도 더 보람을 느끼지 않을까요?"라고.

나와 함께해 주는 우리 센터의 모든 요양보호사들에게 말하고 싶다. 당신들이 무대에서 각각의 역할을 담당해 주어 고맙다고. 그리고 당신들의 훌륭한 역할수행을 통해 멋진 공연이 완성되고 있어 감사하다고 말이다. 그래서 그 밖의 당신들을 돌봄으로 초대하고 싶다. 우리가 앞으로 펼칠 우리의 무대가 성황리에 막을 내릴 수 있기를 바란다.

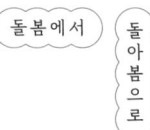

초판 1쇄 발행 2025. 8. 29.

지은이 진보라
펴낸이 김병호
펴낸곳 주식회사 바른북스

편집진행 황금주
디자인 최다빈
마케팅 송송이 박수진 박하연

등록 2019년 4월 3일 제2019-000040호
주소 서울시 성동구 연무장5길 9-16, 301호 (성수동2가, 블루스톤타워)
대표전화 070-7857-9719 | **경영지원** 02-3409-9719 | **팩스** 070-7610-9820

•바른북스는 여러분의 다양한 아이디어와 원고 투고를 설레는 마음으로 기다리고 있습니다.

이메일 barunbooks21@naver.com | **원고투고** barunbooks21@naver.com
홈페이지 www.barunbooks.com | **공식 블로그** blog.naver.com/barunbooks7
공식 포스트 post.naver.com/barunbooks7 | **페이스북** facebook.com/barunbooks7

ⓒ 진보라, 2025
ISBN 979-11-7263-556-5 03810

•파본이나 잘못된 책은 구입하신 곳에서 교환해드립니다.
•이 책은 저작권법에 따라 보호를 받는 저작물이므로 무단전재 및 복제를 금지하며,
 이 책 내용의 전부 및 일부를 이용하려면 반드시 저작권자와 도서출판 바른북스의
 서면동의를 받아야 합니다.